Lotte

geht auf große Reise

von Konstantin Kallergis
illustriert und gestaltet von Katharina Kelting

Für mein erstes und einziges Fohlen Cori

Ich plante ein ganzes Leben mit dir,

doch uns blieben nur zwei Tage.

Und für deinen Kumpel Santander

Und für alle anderen, die zu früh ihr Pferd verloren haben

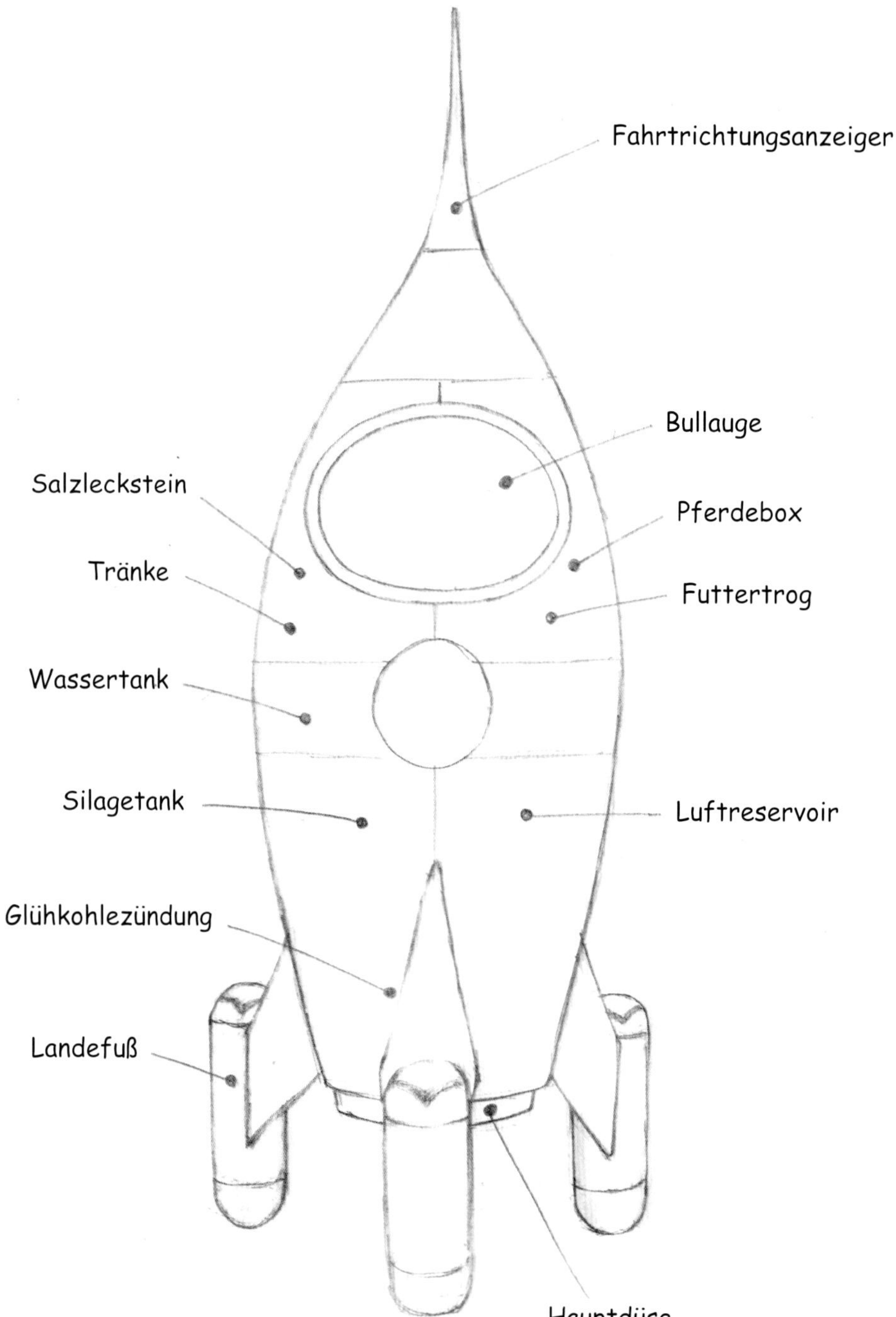
Fahrtrichtungsanzeiger
Bullauge
Salzleckstein
Pferdebox
Tränke
Futtertrog
Wassertank
Silagetank
Luftreservoir
Glühkohlezündung
Landefuß
Hauptdüse

Was bisher geschah:

Ein ganzes Pferdeleben lang hatte die Lotte sich auf einem Reiterhof den Rücken krumm geschuftet. Als sie alt wurde, hat man sie abgeschoben. Ihr letzter Gang sollte sie zum Schlachter führen. Aber nicht mit Lotte! In allerletzter Sekunde gelang es ihr, mit Hilfe des kleinen dicken Mannes vor dem Schlachter davonzulaufen. Sie wohnt seitdem bei ihm und genießt dort ihren wohlverdienten Ruhestand (siehe „Lotte zieht das große Los", Wu Wei Verlag 2010).

Man könnte nun meinen, dass mit Lottes Eintritt in den Ruhestand endlich auch Ruhe in ihr aufregendes Leben eingekehrt wäre. Doch damit ist es schlagartig vorbei, als eines Tages zwei Schaflämmer in wilder Flucht auf ihre Weide gelaufen kommen und ihr eine haarsträubende Geschichte über ihre gefangene Schafmutter erzählen. Lotte krempelt die Ärmel hoch und zieht mit einer ganzen Schafherde los, um die Mutter der Lämmer zu befreien (siehe „Lotte und die Flucht der Lämmer", Wu Wei Verlag 2010).

Vorgeschichte

Es war einmal ein Pferd, das hieß Cori und Cori war ein kleiner Hengst. Um genau zu sein, war Cori, als diese Geschichte begann, noch gar kein Pferd. Noch nicht einmal ein Fohlen. Kein richtiges jedenfalls. Noch nicht. Er war mehr ein Gedanke, ein Wunsch, doch irgendwann kam der Tag, an dem Cori merkte, dass er lebte. Von diesem Tag an war nichts mehr wie es vorher war. Cori bekam immer mehr mit von dem, was ihn umgab. Und das war in erster Linie seine Mutter. Sie hieß Lironja, aber das wusste Cori da noch nicht. Lironja war einfach immer da. Sie lief mit ihm über die Weide und trug ihn hierhin und dorthin und manchmal galoppierte sie auch mit ihm. Galoppieren war toll. Wie das schaukelte! „Juhu!“, rief Cori dann jedes Mal, und „Jippie!“

Eines Tages, Lironja war fröhlich und galoppierte gerade mit ihm über die Weide, rief Cori wieder: „Juhu!“ und neben ihm antwortete eine Stimme: „Jippie!“ Cori war perplex. Was war denn das? „Hey, wer ist da?“, rief Cori. „Ich bin’s, Santander“, antwortete es neben ihm. „Und wer bist du?“ Das war ein Ding! Da war noch ein Fohlen, genau wie er. Santander hieß er also und auch er genoss es genau wie Cori, im Bauch seiner Mutter über die Weide zu galoppieren. Seit diesem ersten Zusammentreffen verbrachten Cori und Santander jeden Tag gemeinsam. Von morgens bis abends standen ihre Mütter nebeneinander auf der Weide und grasten. Und wenn die beiden Mütter mal albern waren und auf der Weide herum galoppierten, dann riefen die beiden Hengstfohlen „Schneller, schneller!“ und jubelten. Die Zeit verging. Es kam der Winter und es wurde bitter kalt. Aber davon merkten Cori und Santander natürlich nichts, denn ihre Mütter hielten sie schön warm. Dennoch kam der Winter den beiden Hengstfohlen viel zu lang vor, denn in dieser Jahreszeit verbrachten ihre Mütter nur wenige Stunden draußen auf der Weide und blieben häufiger im Stall, wenn das Wetter zu schlecht war. Doch schließlich wurde es Frühling. Cori war ein gutes Stück gewachsen und allmählich wurde es ihm zu eng. Seine Mutter Lironja wurde in der letzten Zeit auch immer unruhiger. Cori merkte, dass irgendein großes Ereignis bevorstand. Und eines Morgens, er war gerade erst aufgewacht, da machte es Holterdipolter und Cori kam auf *die Welt. Kopfüber stürzte er ins Nichts und konnte gerade noch „Ui-jui“ rufen, dann landete er auch schon im Stroh, mit dem die Pferdebox zum Glück gut gefüllt war. Und dort lag er dann erst mal und versuchte zu begreifen, was gerade passiert war. Da näherte sich ein langes weißes Gesicht und eine warme Nase beschnupperte ihn. Eine noch wärmere Zunge begann ihn schließlich abzulecken. Cori war kurz verwundert, aber schnell begriff er. „Mama“, sagte Cori und er schmiegte sich an sie. Wie gut sie duftete. Nach Wind und nach Weide. Nach Freiheit. So wie Pferde eben riechen.*

Bald merkte er, dass er nicht allein mit seiner Mutter war. Eine Reihe merkwürdiger Wesen stand um sie herum und sie schauten ihn an. Das mussten die Mennies sein, von denen er immer wieder mal geträumt hatte. Sie passten auf die Pferde auf. Ein kleiner dicker Mennie kam näher und schaute in seine Augen. „He, hallo, ich bin Cori“, rief der kleine Hengst. Der Mennie machte ein sorgenvolles Gesicht. „Cori, du bist zu früh“, murmelte er. „Zu früh?“, wunderte sich Cori. „So ein Unsinn. Wie kann ein Fohlen wie ich zu früh sein?“ Sogleich versuchte er aufzustehen, denn ein unwiderstehlicher Drang zog ihn zu seiner Mutter hin. Er hatte schrecklichen Durst und er spürte, dass es bei seiner Mutter etwas zu trinken gab. Aber ach, Cori stand sehr wackelig auf seinen Beinen und plumpste sofort wieder ins Stroh. „Das macht nichts, Cori“, sagte seine Mutter. „Versuche es gleich noch einmal!“ Wieder stand Cori auf und wieder fiel er hin. Das ging noch eine ganze Weile so und allmählich verlor Cori

die Geduld. Und auch die Kraft. Verzweifelt schaute er zu seiner Mutter hinauf. Schließlich kamen die Mennies dazu, hoben ihn hoch und zeigten ihm die Stelle, an der es etwas zu trinken gab. Euter nannten sie das. Dort hatte seine Mutter die leckere Milch für ihn. Nachdem er endlich getrunken hatte, ging es Cori gleich viel besser. Aber als der Abend kam, hatte Cori immer größere Mühe, sich auf den Beinen zu halten und er musste sich hinlegen. Da kam der kleine dicke Mennie zu ihnen in die Box und unterhielt sich lange mit Coris Mutter. Lironja gab dem Mennie eine Flasche voller Milch und die hielt er Cori zum Trinken

hin. Cori stellte fest, dass es sich aus der Flasche ganz gut trinken ließ. Aber der kleine dicke Mennie kam viel zu häufig, fand Cori. Soviel Durst hatte er doch gar nicht. Immer nur trinken! Wie langweilig! „Ach lass mich doch schlafen!", rief Cori, aber andauernd kam der Mennie mit seiner Milchflasche an, sogar als es Nacht wurde. Cori wurde trotzdem immer schwächer. Einmal wachte er mitten in der Nacht auf und es war ihm, als stünde da der kleine dicke Mennie, klammerte sich am Hals seiner Mutter fest und beide weinten. Warum taten sie das nur? Es war doch alles in Ordnung mit ihm. Er war einfach nur furchtbar müde. Das war alles. Aber kalt war es ihm. Schrecklich kalt sogar. Cori begann zu zittern, so sehr, dass der Mennie ihm schließlich seinen Pullover anzog. Das sah lustig aus. Und es hielt warm.

Am nächsten Morgen aber kam er gar nicht mehr auf die Beine, so sehr er sich auch bemühte. Doch da erschienen auch schon die Mennies, hoben ihn hoch und trugen ihn hinaus, in einen Pferdeanhänger. Voller Sorge kam seine Mutter Lironja hinterher gestürmt und so fuhren sie los, ins Ungewisse. Lironja stand im Pferdeanhänger und Cori ruhte zu ihren Füßen. „Hm, gar nicht schlecht", dachte Cori, „so lässt es sich aushalten." Nach einer längeren Fahrt hielten sie an und trugen Cori vom Anhänger herunter. Wieder lief seine Mutter unruhig hinter ihm her. Sie waren in der Pferdeklinik. Den ganzen Tag kümmerten sich die Ärzte um ihn. Aber Cori wurde immer müder und müder. Er kämpfte so sehr, um an das Euter, wo es die leckere Milch gab, zu kommen. Aber das Euter schien in immer weitere Ferne zu

verschwinden. So, als würde man verkehrt herum durch ein Fernglas schauen. Das war ja wirklich merkwürdig. Wuchs denn seine Mutter noch? Oder schrumpfte er gar?
Am Abend kamen die Mennies vom Stall und ihre Gesichter sahen ganz sorgenvoll aus. Cori verstand das nicht. Und obendrein hatten sie eine Katze mitgebracht. Eine dicke weiße Katze. Was sollte denn bloß die Katze hier? Die Mennies vom Stall redeten mit den Mennies von der Pferdeklinik, aber Cori hörte alles nur noch wie durch Watte. „Murmel, murmel", machten die Mennies die ganze Zeit. Die Katze war inzwischen ganz nahe bei Cori, setzte sich zu ihm und strich ihm mit ihrer Pfote seine nassgeschwitzte Mähne aus der Stirn. „Komm, Cori", wisperte sie ihm ins Ohr, „wir müssen gehen." „Was, gehen?", flüsterte Cori, „wohin denn? Ich bin doch so schrecklich müde. Ich möchte nur noch schlafen." „Ja, Cori", summte die Katze in sein Ohr, „ruhe dich aus, wir haben einen weiten Weg vor uns." Cori hob noch einmal den Kopf und schaute zu seiner Mutter hoch. Lironja stupste ihn an. Schließlich legte er seinen Kopf ins Stroh. „Ausruhen", flüsterte er. So lange hatte er gekämpft. Dann schlief Cori ein. Und er schlief so tief und fest, dass er niemals wieder aufwachte. „Ist Cori tot?", fragte der kleine dicke Mann leise den Arzt. Und ebenso leise antwortete der Arzt: „Ja." Jedoch die Katze rief: „Nein, er ist nicht tot! Er schläft nur!" Aber niemand hörte auf die Katze.

An einem sonnigen Tag standen das alte Schulpferd Lotte und Weidekumpel Maxi wie immer auf ihrer Weide. Auf der Weide, die direkt daneben lag, wohnten die Stuten, die Fohlen bekamen. „Vorgestern ist ein Fohlen angekommen, das von Lironja“, sagte Maxi gerade. „Ja, habe ich kurz gesehen“, antwortete Lotte, „ein braunes Hengstfohlen. Wirkte noch etwas schwach auf den Beinen.“ Irgendwann im Laufe des Tages kam der kleine dicke

Mann und brachte Lironja auf die Mutter-und-Kind-Weide. Sie wirkten niedergeschlagen. Alle beide. Der Mann sprach lange mit Lironja und Lotte spitzte die Ohren. Aber sie konnte kein Wort verstehen. „Hey, wo ist denn das Fohlen?“, fragte Lotte. „Hmm, nicht da“, antwortete Maxi. „Das sehe ich auch“, rief Lotte, „aber wo ist es hin?“ Sie grübelten eine ganze Weile, aber es fiel ihnen nicht ein, wo das Fohlen wohl sein könnte. „Ich hab‘s!“, rief Maxi irgendwann. „Die Mennies haben das Fohlen bestimmt auf die Weide auf der anderen Seite des Bauernhofes gebracht. Da, wo die alten Pferde wohnen.“ Lotte runzelte die Stirn. „Zu den alten Pferden? Zu Elliot, Curly, Pico, Pit und Maja, meinst du? Und warum ist dann Lironja hier und nicht bei ihrem Kind? Das macht doch keinen Sinn!“ Noch ehe Maxi sich hierauf eine Antwort überlegen konnte, rief eine meckernde Stimme von hinten: „Haha, zu den alten Pferden! Auf der anderen Seite des Bauernhofes! Ihr Pferde glaubt ja wohl noch an den Weihnachtsmann! Määääh!“ Lotte und Maxi zuckten zusammen und drehten sich um. Noch bevor sie sich ganz umgedreht hatte, wusste Lotte, wer da gesprochen hatte. Und richtig, das alte Schaf Klothilde stand vor ihnen und schaute sie grimassenschneidend an. „He, du, was meinst du damit, hä?“, fragte Lotte das Schaf. „Ach nichts“, antwortete das alte Schaf und trottete von dannen.

Am Abend trabten Lotte und Maxi zurück zu ihren Boxen. Nachdenklich kaute Lotte auf ihrem Abendbrot herum. Die Sache mit dem verschwundenen Fohlen ging ihr nicht aus dem Kopf. Später in der Nacht, als alles schon schlief, öffnete sie ihre Box (sie war ja ein schlaues Pferd und wusste, wie das geht) und schlich zur anderen Seite des Bauernhofes, da, wo die alten Pferde ihre Weide hatten. Sie stupste mit ihrer Nase die Tür am Ende des Stalles auf und trat ins Freie. Es war stockdunkel. Sie wandte sich nach links… und bekam einen Knuff auf die Nase. Wer wagte es, dachte Lotte bei sich und drehte den Kopf nach rechts. Wieder schlug ihr etwas auf die Nase. Unerhört! Sie machte ein paar Schritte zurück in den Stall hinein. Aus ihrer Zeit als Schulpferd wusste sie, dass hier irgendwo ein Lichtschalter sein musste, für den Außenbereich des Stalles. Ah, da war er. Sie betätigte ihn mit der Nase und machte sich auf, ein zweites Mal durch die Tür hinauszutreten. Gleich würde sie sehen, welches der alten Pferde da seinen Schabernack mit ihr trieb. Perplex blieb sie in der Tür stehen. Da war kein Pferd. Da war noch nicht einmal eine Weide. Soweit das Licht reichte, sah sie… Mais. Nichts als Mais.

Ein riesiges Maisfeld war dort, wo eigentlich die Weide mit den alten Pferden sein sollte. Und Maiskolben waren es auch, die Lotte zuvor an die Nase bekommen hatte, als sie im

Dunkeln ins Feld trat. Was wollten die Mennies bloß mit dem ganzen Mais? Verzweifelt wieherte sie ins Feld hinein, aber kein Pferd antwortete. Nur der Mais wiegte sich rauschend im Wind. Betrübt trottete sie zurück zu ihrer Box.

Am nächsten Morgen gab es nur ein Thema am Stall. Wo waren die alten Pferde hin? Und wo war das Fohlen? Alle Pferde steckten ihre Köpfe zusammen und diskutierten und diskutierten. Aber sie fanden einfach keine vernünftige Erklärung für das Verschwinden der Pferde mitsamt ihrer Weide. Das alte Schaf Klothilde besah sich die aufgeregten Pferde von Ferne, enthielt sich aber jeglichen Kommentars.

Am Abend hatten die Pferde einen Entschluss gefasst. Ein Pferd würde den Hof verlassen und nach den alten Pferden und Cori, dem Fohlen, suchen. Die Wahl fiel auf Lotte. Lotte packte schon ihre Reiseutensilien zusammen, als Maxi zu ihr trat. „Der kleine dicke Mann wird sich Sorgen machen, wenn du einfach gehst“, sagte er zu ihr. „Er wird es verstehen“, entgegnete Lotte, die gerade mit den Zähnen ihr Päckchen verschnürte, nuschelnd. „Ein Pferd muss tun, was ein Pferd tun muss.“ Und so brach Lotte auf, um nach den alten Pferden zu suchen. Der Vollmond stand hoch am Himmel, als sie los zog, und leuchtete ihr den Weg.

Sie wandte sich zunächst nach Süden und galoppierte einen ganzen Tag und eine ganze Nacht hindurch ohne Unterlass. Sie ließ die Städte der Mennies hinter sich und bald auch alle Weiden und Wiesen. Immer karger wurde die Landschaft, bis sie schließlich die Wüste

erreichte. Sie stapfte durch den heißen Sand und fand keinerlei Anzeichen von Leben. Doch dort, auf der einen Düne, da war doch etwas. Sie musste ganz genau hinschauen, bis sie es erkannte. Und tatsächlich, auf der Düne räkelte sich, gut getarnt im Sand, ein Chamäleon in der Sonne. „Nanu, nana, also was machst du denn hier?“, fragte das Chamäleon ganz erstaunt, als es Lotte erblickte. „Ich bin Lotte und ich suche die alten Pferde. Und ein ganz junges“, antwortete Lotte. „Hm, hm“, machte das Chamäleon, „aha, Lotte also. Mein Name ist Charlie, und in der Tat gibt es hier Pferde, aber ich weiß nicht, wie alt sie sind. Komm mit, ich führe dich zu ihnen.“ Das Chamäleon hoppste vorweg und Lotte folgte ihm. So liefen sie eine Weile die Dünen hinauf und wieder hinunter, bis Charlie schließlich an einer Oase anhielt. „Wir sind da, da vorne sind die Pferde.“ Lotte wunderte sich. „Wo sollen denn hier Pferde sein?“, fragte sie. „Na, da vorne, die kleinen grünen!“, erwiderte Charlie. Lotte beugte sich ganz hinunter bis zu den kleinen grünen Tieren. „Soso, ihr wollt mir also erzählen, dass ihr Pferde seid, ja?“, fragte Lotte die Heuschrecke, die ihr am nächsten saß. „Allerdings“, antwortete diese und hüpfte vorwitzig auf Lottes Vorderbein. „Man nennt uns nämlich auch Heupferde!“ Lotte überlegte. Nein, das waren nicht die Pferde, die sie suchte. Und so verabschiedete sie sich von den Heupferden und Charlie, dem Chamäleon, und machte

sich wieder auf den Weg. Diesmal wandte sie sich nach Westen und galoppierte, bis sie müde wurde. Die Gegend wurde immer steiniger und felsiger und es ging steil bergauf. Weil die Nacht hereinbrach und es zu regnen begann, machte Lotte Pause in einer Felsenhöhle. Sie wollte sich gerade schlafen legen, da sah sie kleine Lichter auf sich zu schweben. Interessiert blickte sie auf und ließ es zu, dass eines der kleinen Lichter es sich auf ihrer Nase bequem machte. „Hallo“, sagte Lotte zu dem kleinen Licht, „wer seid denn ihr?“ „Wir sind Glühwürmchen

und wohnen in dieser Höhle. Ich heiße Io. Und was machst du hier?" „Ich? Ich heiße Lotte und bin auf der Suche nach den alten Pferden. Und..." Doch bevor sie den Satz zu Ende bringen konnte, lachte Io auf und glühte ganz hell vor Freude. „Ich weiß, wo die alten Pferde sind." „Was? Könnt ihr mich dort hinführen?" „Natürlich! Folge uns, wir leuchten dir."

Und so zogen sie los. Immer weiter in die Höhle hinein und immer tiefer unter die Erde. „Seid ihr sicher, dass wir auf dem richtigen Weg sind?“, frage Lotte vorsichtig. „Aber ja“, antworteten die Glühwürmchen. „Schau nur, wir sind da. Da vorne sind die alten Pferde.“ „Ich sehe nichts. Leuchtet mal!“, rief die Lotte. Und im Licht der Glühwürmchen sah sie… alte Pferde. Tatsächlich. Irgendetwas regte sich ganz tief in ihrem Gedächtnis. „Eohippos!“, rief die Lotte. „Die sind aber alt!“ „Du suchtest doch nach den alten Pferden, sagtest du das nicht?“ „Ja, schon“, entgegnete Lotte, „aber die sind zu alt. Das sind leider nicht die Pferde, die ich suche.“ Und so verabschiedete sie sich von Io und den anderen Glühwürmchen und machte sich wieder auf die Reise.

Nachdem sie einen weiteren Tag hindurch galoppiert war, hörte der Weg plötzlich auf. Vor ihren Hufen erstreckte sich der weite Ozean. Was sollte sie nun tun? Lotte machte einige Schritte vorwärts, bis die ersten Wellen ihre Hufe umspielten, und grübelte. Vielleicht fand sie die alten Pferde und Cori ja im Wasser? Also hielt sich Lotte die Nüstern zu und sprang hinein. Sie schwamm eine ganze Weile und das Land hinter ihr war mittlerweile kaum noch zu sehen. Sie schwamm und schwamm, aber nirgendwo im Meer fand sie auch nur das kleinste Anzeichen von Pferden. Irgendwann fühlte sie sich beobachtet. Aber rechts und links sah sie nichts. Und über ihr war auch nichts. Sie schaute nach unten. Oha, da war etwas Großes. Während Lotte noch überlegte, was da wohl unter ihr schwamm, tauchte das große Etwas

aus dem Wasser auf und hob die Lotte mit hoch. Es war wirklich ziemlich groß. Nein, das war noch untertrieben. Es war riesig! Und ganz graublau. Wie bei einem Wasserfall floss das Wasser von dem auftauchenden Tier herunter, bis die Lotte schließlich erkennen konnte, auf was für einem Lebewesen sie da nun stand. Ein Blauwal war es, den die Lotte da im Meer getroffen hatte. „Nanu", fragte der Blauwal mit tiefer Stimme, „was machst du denn hier?" Er war zwar viel größer als Lotte, aber Lotte hatte ja bekanntlich vor nichts und niemandem Angst. Außerdem wirkte er eher gemütlich als gefährlich. „Ich heiße Lotte und suche Cori und die alten Pferde", sagte Lotte zu ihm. Der Blauwal überlegte. Falls er überrascht war, ein Pferd mitten im Ozean anzutreffen, so ließ er es sich zumindest nicht anmerken. „Sehr angenehm", erwiderte er, „ich bin Otto. Und ich kenne Pferde, aber ich weiß nicht, ob das die sind, die du suchst." „Hmm, kannst du mich denn zu ihnen führen?", fragte die Lotte. „Klar", entgegnete Otto, „komm mit!" Und mit diesen Worten tauchte er hinab in die Tiefen des Meeres. Lotte tauchte hinter ihm her. An einem großen Korallenriff hielt der Wal an. „Hier wohnen sie", sagte er zu Lotte. Lotte schaute. „Wo?" „Na hier! Die mit den Pferdeköpfen." Die Tiere, auf die Otto zeigte, hatten tatsächlich Pferdeköpfe. Aber darauf beschränkte sich ihre Ähnlichkeit mit den Pferden, die Lotte kannte, auch schon. „Aber ihr seid doch keine Pferde!", rief die Lotte. „Sind wir doch! Seepferdchen nennt man uns",

antwortete eines der Tiere.

Lotte überlegte. Nein, das waren nicht die Pferde, die sie suchte.

Niedergeschlagen wandte sie sich wieder an Otto. „Das sind leider nicht die richtigen Pferde. Ich muss weiter. Kannst Du mich an Land bringen?“

Der Wal nickte, nahm Lotte huckepack und schwamm mit ihr an die Oberfläche des Ozeans. Nicht weit davon entfernt tauchte ein Schweinswal aus dem Wasser auf, betrachtete stirnrunzelnd die Szene, schüttelte ungläubig den Kopf und tauchte wieder ab. Otto setzte Lotte an Land ab und so machte sie sich auf den langen Heimweg.

Mit hängendem Kopf und ganz abgewetzten Hufen kam sie schließlich wieder am Stall an und berichtete den anderen Pferden von ihrer erfolglosen Suche nach Cori und den alten Pferden. Auch das alte Schaf Klothilde gesellte sich zu ihnen. Bis in den späten Abend hinein erzählte Lotte von den Erlebnissen ihrer Reise. Als sie mit ihrer Geschichte zu Ende war, rief Maxi ganz verzweifelt: „Aber wo sind sie denn hin? Wenn sie nicht auf dem Land sind, nicht in den Bergen und auch nicht unter Wasser, wohin können sie denn sonst gegangen sein?“ Niemand wusste eine Antwort darauf. Verlegen schauten alle Pferde in den Himmel, wo mittlerweile der Mond aufgegangen war. Schüchtern bemerkte eines der jüngeren Pferde: „Vielleicht sind sie auf dem Mond?“ „Auf dem Mond“, echoten da alle Pferde und nickten dem jüngeren Pferd *zu, „ja, sicher sind sie auf dem Mond!" „Aber dort kommen wir doch niemals hin", meinte die Lotte resigniert. „Da wär ich mir nicht so sicher!", rief eine meckernde Stimme von hinten. Alle Pferdeköpfe ruckten herum. „Und wie?", fragten die Pferde. „Mit einer Rakete!", antwortete Klothilde, als wäre dies das Selbstverständlichste der Welt. „Rakete!", wiederholte Lotte tonlos. „Jawohl, mit einer Rakete!", bekräftigte Klothilde. „Und womit fliegt deine Rakete?" „Mit Silage!" „Silage?", fragte Lotte völlig verdutzt. „Ja, richtig, Silage! Das ist gegorenes Gras. Solltest du eigentlich kennen als Pferd", rief Klothilde, der allmählich der Draht aus der Mütze sprang. „Ich weiß, was Silage ist!", schrie Lotte zurück. Nase an Nase standen sie mittlerweile da, das älteste Pferd und das älteste Schaf.*

Die anderen Tiere schauten ihnen gebannt zu. „Aber ich frage mich, wie du damit eine Rakete antreiben willst. Und überhaupt, wo bekommen wir denn eine Rakete her?", rief Lotte und fuchtelte dabei wild mit den Vorderhufen in der Luft herum. „Na ganz einfach, wir bauen eine!" Das war zu viel für Lotte. Sie war ein geduldiges Pferd (manchmal), aber was zu viel war, war zu viel. Sie drehte sich um, ließ Klothilde ohne ein weiteres Wort stehen und begab sich in ihre Box, wo sie das auf sie wartende Abendbrot in Rekordzeit vollständig aufmampfte, während sie fortwährend vor sich hin schimpfte. Anschließend legte sie sich schlafen und schlief auch sofort ein, denn sie war pferdemüde.

Es war eine friedliche Nacht. Selbst die Vögel waren schon schlafen gegangen und außer dem leisen Rascheln der Blätter im Wind war kein Laut zu hören. Lotte träumte mal wieder ihren Lieblingstraum, nämlich dass sie Königin Lotte war. Gerade war sie bei der Stelle angekommen, wo der kleine dicke Mann ihr schmeichelnde Reime vorträgt. Da zerriss plötzlich ein lautes metallisches „Kloing!“ die Stille. Lotte stand vor Schreck kerzengerade in der Box. Die Haare standen ihr zu Berge. Während sie sich noch fragte, wo dieses schreckliche Geräusch wohl herkäme, erschütterte ein weiteres, noch lauteres „Kloi-hoing!!!“ die Nacht. Das kam von der Schafweide! Lotte stürmte aus ihrer Box und rannte zum Schafstall. Sie erstarrte. Die ganze Schafweide lag voll mit Werkzeug und

komischen Metallteilen. Die Schafe waren offensichtlich in die Lagerhalle des Bauernhofes eingebrochen und hatten alles angeschleppt, was sie tragen konnten. Lotte hatte die Schafe immer schon für ein wenig verrückt gehalten, aber das schlug dem Fass den Boden aus. Jetzt begannen die Schafe allen Ernstes, eine Rakete zu bauen. Begleitet von Geräuschen wie aus einer Fabrik floh Lotte von der Schafweide, rollte sich in ihrer Box ein und hielt sich mit den Hufen die Ohren zu. Eine ganze Woche lang ging das so. Sobald sich die Nacht über den Stall gesenkt hatte und alle Mennies verschwunden waren, begannen die Schafe, emsig zu hämmern und zu biegen, zu schrauben und zu schweißen. Alle Pferde hatten mittlerweile Ringe unter den Augen, weil sie wegen des Lärms nicht schlafen konnten, aber die Schafe ließen sich davon nicht beeindrucken.

Als Lotte schon dachte, der Krach würde niemals wieder aufhören, war es plötzlich still. Lotte nahm erstaunt die Hufe von den Ohren und lauschte. Tatsächlich. Es war Ruhe eingekehrt. Freudig sprang Lotte auf, nur um sogleich mit Klothilde zusammenzustoßen, die gerade an ihrer Box angekommen war. „Die Rakete ist fertig“, frohlockte das Schaf. Lotte traute ihren Augen nicht. Mitten im Schafstall stand eine Rakete. Die Schafe waren wirklich verrückter als verrückt. „Schön“, meinte Lotte, „und wie bekommt ihr die Rakete zum Startplatz? Du willst ja wohl nicht im Schafstall starten!“

„Natürlich nicht. Auch daran habe ich gedacht. Wir ziehen die Rakete mit dem alten roten Traktor des kleinen dicken Mannes mitten auf die Schafweide.

Von dort aus kannst du starten." „Ja, prima, dann ist ja alles klar", murmelte Lotte. „He, wie, warte mal, was meinst du damit, dass ich von dort aus starten kann? Du meinst doch wohl nicht, dass ich..." „Doch, doch, genau, du wirst mit der Rakete zum Mond fliegen", vollendete Klothilde ihren Satz. „Wer sonst könnte das außer dir?" Lotte verdrehte die Augen. Das musste doch alles ein Traum sein. Sicher schlief sie in Wirklichkeit noch.

Doch es war kein Traum. Am nächsten Tag stand die Rakete in ihrer Startposition mitten auf der Schafweide und Klothilde gab Lotte die letzten Anweisungen. „Also, es ist ganz einfach", erklärte das alte Schaf. „Es gibt drei Knöpfe. Einen grünen, einen blauen und einen roten. Der grüne Knopf startet die Rakete, der rote hält sie an." „Und der blaue?", fragte Lotte wissbegierig. „Der dreht die Rakete herum!" „Wozu soll denn das gut sein?", wunderte sich Lotte. „Pferde haben von Technik echt nicht die geringste Ahnung", murrte das Schaf und holte tief Luft. „Wenn du die Rakete nicht vor der Landung umdrehst, dann landest du ja mit der Spitze voraus auf dem Mond. Und das willst du sicher nicht, oder? Ist doch einleuchtend!" Lotte staunte. Anscheinend hatten die Schafe wirklich an alles gedacht.

Schließlich war es soweit. Lotte war in die Rakete geklettert und alle Pferde und alle Schafe standen rings um die Schafweide, um ihr zum Abschied zu winken. Lotte betätigte mit der Nase den grünen Knopf.
Es rumpelte und pumpelte und schließlich hob die Rakete ab. Lotte schaute aus dem Fenster und sah die anderen Tiere immer kleiner werden, bis sie nur noch Punkte in der grünen Landschaft waren.
Immer höher und höher stieg die Rakete und ließ bald schon die Erde als eine blaue Kugel unter sich. Durch das Fenster sah Lotte die Sterne funkeln, so hell und so klar, wie sie es nie zuvor von ihrer Weide aus gesehen hatte. Der Anblick verschlug ihr den Atem.

Dann erspähte sie den Mond. Öde und wüst war er und er wirkte nicht sehr einladend. Lotte bekam Zweifel, ob dort wirklich Pferde wohnten.

Sie drückte auf den blauen Knopf und die Rakete begann, sich langsam herumzudrehen. Jetzt noch den roten Knopf und der Silagemotor verstummte. Sanft setzte die Rakete auf dem Mond auf. Lotte stieg aus und erkundete die Landschaft.

Auf dem Mond sah es genauso aus, wie Lotte schon befürchtet hatte. Es gab keine Weiden und keine Wiesen. Nicht ein einziger Halm wuchs dort. Nichts! Lotte wieherte, aber kein Pferd antwortete ihr.

Und so galoppierte sie los, einmal um den Mond herum und schließlich sogar auf die dunkle Seite des Mondes. Aber so sehr sie auch wieherte, es kam keine Antwort zurück.

Nein, auf dem Mond waren die alten Pferde auch nicht. Missmutig stieg Lotte zurück in die Rakete und drückte auf den grünen Startknopf. Die Rakete hob ab und näherte sich nach einiger Zeit wieder der Erde. Da war sie wieder, die blaue Kugel. Schon kamen die Wolken in Sicht. Da sah Lotte eine Bewegung. Ganz oben, auf der großen Wolke. Lotte drückte auf den roten Knopf. Sollten das…

Wie auf Watte landete die Rakete auf der Wolke. Lotte stieg aus. Und dann sah sie die Pferde. Viele Pferde. Die ganze Wolke war voll von Pferden. Aber etwas stimmte nicht mit ihnen. Sie schienen ganz aus Wolkenmaterial zu bestehen. Lotte schlug das Herz bis zum Hals. Da rief eine Stimme: „He, da ist ja die Lotte!“ Lotte schaute. Ein kleines Pferd kam auf sie zu galoppiert. „Cori!“, rief Lotte ganz überrascht. Tatsächlich, da war Cori. Fröhlich galoppierte er um sie herum.

Weitere Pferde gesellten sich zu ihnen. Lotte erkannte Maja und Elliot, Pico, Pit und Curly. Und noch viele, viele mehr. „Wie kommt ihr denn hierher?“, rief die Lotte verwundert. „Die Katze hat uns an diesen wunderbaren Ort gebracht“, antwortete Cori für die anderen Pferde. Voller Freunde galoppierte er immer noch um Lotte herum.

„Die Katze?", fragte Lotte. „Welche Katze?" „Sie heißt Dickie", antwortete Cori. „Was, Dickie? Die Dickie vom Stall hat dich zur Wolke gebracht? Die ist doch so dick, dass sie nicht einmal auf einen Baum klettern kann. Das ist doch lächerlich!", rief Lotte aus. „Darf ich fragen, was daran so lustig ist?", fragte da eine Stimme, die Lotte die Haare zu Berge stehen ließ. Sie kannte diese Stimme. Langsam drehte sie sich um. Vor ihr stand… Dickie. „Uh, oh,

hallo Dickie", murmelte Lotte. „Dann ist es wirklich wahr, dass du die alten Pferde und Cori zur Wolke gebracht hast?" „Natürlich ist es wahr. Was hast du denn gedacht, warum Katzen auf Pferdehöfen leben? Hast du geglaubt, wir liegen den lieben langen Tag faul in der Sonne herum und fangen ab und zu eine Maus?", entgegnete Dickie und schaute Lotte dabei tief in die Augen wie nur Katzen es können. „Öh", brachte Lotte nur hervor.

„Das ist ja wieder mal typisch. Nein, nein, meine Liebe, Katzen tun noch viel mehr. Es ist die Aufgabe der jeweils ältesten Katze am Stall, die Pferde, die nicht bleiben können, hierher zur Wolke zu bringen, wo sie in Frieden und ohne Schmerzen leben können." Lotte war sprachlos. Sie wandte sich um zu Cori. „Und es geht euch wirklich gut? Ihr seid doch ganz aus Wolke!" Cori lachte. „Aus Wolke?", fragte er lächelnd. „Nein, Lotte, das erscheint dir nur so. Hier, probier doch mal ein Stück!", forderte er sie auf und biss in die Wolke. Lotte nahm versuchsweise einen Bissen von der Wolke. Es schmeckte nach nichts. Aber Cori schien da anderer Ansicht. Für ihn war die Wolke die grünste und bunteste Weide, die man sich nur vorstellen konnte. Lotte runzelte die Augenbrauen. Aber bevor sie etwas sagen konnte, meinte Dickie: „Das ist ganz normal, Lotte. Irgendwann wirst du es verstehen. Und jetzt musst du gehen. Schau nur, deine Rakete sinkt schon ein. Wenn sie verschwunden ist, dann gibt es für dich keinen Weg mehr zurück." „Für immer hier bleiben?", fragte Lotte. „Das ist ja vielleicht gar nicht so schlecht!" „Das stimmt", erwiderte Dickie, „aber erst, wenn deine Zeit gekommen ist." „Na gut", sagte Lotte und machte sich auf zur Rakete. Sie winkte den Wolkenpferden zum Abschied und alle Pferde winkten zurück. Fast hatte sie die Tür geschlossen, da rief Dickie: „He, Lotte, warte! Du kannst mich mitnehmen. Ich werde ja auch nicht jünger."Und so flogen Lotte und die Katze wieder zurück zur Erde. Auf dem Rückweg war es sehr windig und die Rakete kam vom Weg ab. Sie landete nicht wieder

zuhause an Lottes Stall, sondern einen Tagesgalopp weiter im Westen. Die Mennies, die dort lebten, sahen die Rakete landen und als Lotte ausstieg, da standen sie alle um die Rakete herum und jubelten Lotte zu. Der Ort, an dem die Rakete damals landete, ist heute nach dem alten Schulpferd Lotte benannt. Doch Lotte drängte es, nach Hause zu kommen. Sie nahm die alte Katze Huckepack und galoppierte los, in Richtung Heimat.
Traurig saß der kleine dicke Mann auf der Schafweide und warf den Schafen, die ihn umkreisten wie kleine dicke Haie mit Fell, Leckerli um Leckerli zu. Geschickt fingen sie die Leckerlis im Fluge auf. Lotte fehlte ihm sehr. Plötzlich hörte er Hufgetrappel.
Das Hufgetrappel eines Pferdes, das auf drei Beinen klar geht und mit einem Bein leicht schlurft. „Lotte!", rief er und sprang auf. Dabei fiel der Eimer mit den Leckerlis um.
Geräuschvoll ergossen sich hunderte von Leckerlis auf die Schafweide. Klothilde bekam vor Aufregung Schluckauf. „He – hicks", rief sie, „habt ihr gesehen…?" Lotte hatte den kleinen dicken Mann erreicht und er fiel ihr um den Hals. So lange hatten sie sich nicht gesehen.
Nachdem er sie endlich losließ, seufzte Maxi: „Ich dachte schon, das hört gar nicht mehr auf." Inzwischen hatten sich alle Pferde um sie versammelt und brannten voller Ungeduld darauf, Lottes Erlebnisse zu erfahren. „Nun sag schon", riefen sie, „hast du Cori und die alten Pferde gefunden?" „Ja", antwortete Lotte nachdenklich, „ich habe sie gefunden. Es geht ihnen gut. Sie leben auf einer unermesslich großen Weide voller bunter Blumen und sie sind glücklich."

Nachwort

Es war kein gutes Jahr. Bald nach Cori kam Santander auf die Welt. Er suchte überall nach seinem Freund Cori, aber er fand ihn nicht. Und so spielte Santander mit all den großen Pferden, weil sein Fohlenfreund ja nicht da war. Seine Mutter ermahnte ihn jeden Tag, vorsichtig zu sein, weil die großen Pferde für die Fohlen nicht ungefährlich sind, wenn sie toben. Und dann geschah es trotzdem. Beim Spielen bekam Santander einen Tritt ab, genau auf sein Gelenk. Ihm wurde schwarz vor Augen und als er wieder zu sich kam, konnte er nicht mehr aufstehen. Es tat scheußlich weh. Die Mennies trugen ihn fort und brachten ihn in die Pferdeklinik. Die Mennies murmelten und murmelten. Da sah Santander die Katze neben sich sitzen. „Hallo Santander", sagte die Katze. „Hallo Tante Dickie", rief das Fohlen. „Was machst du denn hier?" „Ich bin gekommen, um dich abzuholen." „Was, abholen? Wo gehen wir denn hin?", fragte Santander. „Wir gehen zu Cori." Im Nu waren alle Schmerzen vergessen. „Was, wirklich? Zu Cori?" „Ja, Santander", nickte die Katze und strich ihm eine vorwitzige Haarsträhne aus der Stirn. Das Murmeln der Mennies wurde immer leiser und Santander spürte noch, wie ihn seine Mutter mit ihrer weichen Nase ein letztes Mal anstupste, und schon war er unterwegs mit Dickie. Das war ulkig. Sie liefen durch bunte Farbwirbel und Spiralen, so dass Santander ganz schwummrig vor Augen wurde. Fast hatte er den Eindruck, als würde er über einen Regenbogen laufen. Dickie jedenfalls lief zielstrebig vorweg, so, als kenne sie den Weg, und Santander folgte ihr.

Als Santander schon dachte, die bunten Farbkleckse würden gar nicht mehr aufhören, sah er plötzlich eine riesig große Weide vor sich. Sie war so unermesslich groß, dass er keinen Anfang und kein Ende erkennen konnte. Sie war voll mit bunten Blumen und schmackhaften Kräutern. Am Horizont erkannte er Apfelbäume. Wo war er denn da nur gelandet? Gerade beugte er sich hinab zu Dickie, um sie danach zu fragen, da hörte er eine bekannte Stimme. „Santander? He, Santander, bist du das?“

„Cori!!!“, schrie er aus Leibeskräften und preschte los, auf das andere Fohlen zu, so dass Dickie die Grasbüschel nur so um die Ohren flogen. „Die heutige Jugend“, seufzte die alte Katze lächelnd und machte sich auf den langen Weg zurück nach Hause.

Ende

Konstantin Kallergis

ist im wirklichen Leben Ingenieur und arbeitet in der Luftfahrtindustrie. Vor sieben Jahren traf ihn das Glück in Form von Lotte.

Katharina Kelting

arbeitet freiberuflich als Illustratorin. Sie lebt gemeinsam mit ihrem Mann auf der Ostseeinsel Rügen. Menschen mit ihren lebendigen Bildern Freude zu machen und zu berühren, ist ihr Ziel und die schönste Anerkennung.

CORI

(04. Mai - 05. Mai 2010)
Wir hatten uns so auf ihn gefreut. Aber Cori war ein Frühchen und konnte leider nicht bleiben. Heute lebt er glücklich und ohne Schmerzen auf der Wolke der Pferde.

SANTANDER

(01. Juli - 25. Juli 2010)
Er kam kurz nach Cori auf die Welt und sollte eigentlich gemeinsam mit seinem Kumpel aufwachsen. Auch er galoppiert heute mit Cori über die Wolke der Pferde.

KLOTHILDE

Klothilde ist das älteste und schlaueste aller Schafe. Sie hat voll den Durchblick.

DICKIE

Niemand weiß, wie Dickie zu ihrem Namen kam. Aber das ist nicht das einzige Geheimnis, das sie umgibt.

Impressum

Bibliografische Information der Deutschen Nationalbibliothek
Die Deutsche Nationalbibliothek verzeichnet diese Publikation in der Deutschen Nationalbibliografie; detaillierte bibliografische Daten sind im Internet unter http://dnb.d-nb.de abrufbar. ISBN 978-3-930953-78-3

Autor	Konstantin Kallergis
Herausgeber	Isabella Sonntag, Wu Wei Verlag
Zeichnungen	Katharina Kelting
Gestaltung	Katharina Kelting
Fotos	aus privatem Bestand
Druckvorlagen	Heide Wülfert
Druck	Finidr, s.r.o., Czech republic, 2011

86938 Schondorf · www.wu-wei-verlag.com
 · ISBN 978-3-930953-78-3
Printed in Czech republic

Willkommen bei Wu Wei

Der Wu Wei Verlag legt größten Wert auf absolut authentische Autoren, die sich in ihrem Fachgebiet durch überdurchschnittliches Wissen auszeichnen.

Der Verlagsname „Wu Wei" stammt ursprünglich von dem chinesischen Philosophen Laotse. Er steht für die Kunst des „Weglassens".

Das taoistische Prinzip Wu Wei bedeutet, durch „Nichttun" zum „Tun" zu gelangen – ohne unnützen Eifer, falschen Ehrgeiz und eigenwillige Absichten.

Isabella Sonntag

Ich danke St-eb für die Unterstützung der Klassischen Reitkunst
www.st-eb.de

Bücher und DVD von Dr. Gerd Heuschmann

Finger in der Wunde
von Dr. med. vet. Gerd Heuschmann,
144 Seiten, farbig illustriert

ISBN 978-3-930953-20-2
Preis: 24,80 Euro

Überarbeitete Neuauflage

FILM: STIMMEN DER PFERDE
von Dr. med. vet. Gerd Heuschmann,
Länge 70 Min.

ISBN 978-3-930953-41-7
Preis: 49,90 Euro

von Dr. Gerd Heuschmann

MEIN PFERD HAT DIE NASE VORN

In der Kinderhand von HEUTE liegt das Pferdeglück von MORGEN

von Dr. med. vet. Gerd Heuschmann,
144 Seiten, 17,5 x 24 cm, Klappenbroschur

ISBN 978-3-930953-50-9

Preis: 26,50 Euro

REIT- UND PFERDEMAGAZIN: piaffino

Piaffino erscheint im Mai und im Oktober, also zwei Mal pro Jahr. Der Vertrieb läuft über Reitschulen oder direkt beim Verlag erhältlich.

Abopreis 7 Euro pro Jahr

DIE ABENTEUER VON ELISIA

Die Geschichte vom kleinen rosafarbenem Einhorn

von Rita von Assel,
127 Seiten, 16,8 x 23 cm, Hardcover

ISBN 978-3-930953-08-0

Preis: 14,80 Euro

LOTTE ZIEHT DAS GROSSE LOS
von Konstantin Kallergis
Illustrationen Katharina Kelting
42 Seiten, 20 x 21cm, Hardcover

ISBN 978-3-930953-57-8
Preis: 9,90 Euro

GWENDOLYN
Unterhaltsames Buch
für alle Ponyfans
von Hans-G. und Christa Lehmann,
120 Seiten, 21 x 27 cm, Softcover

ISBN 978-3-930953-43-1
Preis: 16,80 Euro

LOTTE UND DIE FLUCHT DER LÄMMER
Ein neues wahres Abenteuer mit
dem alten Schulpferd Lotte
von Konstantin Kallergis
48 Seiten, 20 x 21 cm, Hardcover

ISBN 978-3-930953-68-4
Preis: 9,90 Euro

Bestellung der Bücher und DVD bei:

www.wu-wei-verlag.com
Telefon +49/8192/934192